Theresa Kainz

Perlensterne

Zauberhafter
Weihnachtsschmuck

CHRISTOPHORUS

BRUNNEN-REIHE

SEIT MEHR ALS 30 JAHREN STEHT
DER NAME „CHRISTOPHORUS" FÜR
KREATIVES UND KÜNSTLERISCHES
GESTALTEN IN FREIZEIT UND BERUF.
GENAUSO WIE DIESER BAND
DER BRUNNEN-REIHE IST JEDES
CHRISTOPHORUS-BUCH MIT
VIEL SORGFALT ERARBEITET: DAMIT
SIE SPASS UND ERFOLG BEIM
GESTALTEN HABEN — UND FREUDE
AN SCHÖNEN ERGEBNISSEN.

© 1997 Christophorus-Verlag GmbH
Freiburg im Breisgau

Alle Rechte vorbehalten –
Printed in Germany

ISBN 3-419-55916-x

Lektorat: Maria Möllenkamp, Freiburg
Styling und Fotos: Roland Krieg, Waldkirch
Reinzeichnungen: Holger Simon, Freiburg
Umschlaggestaltung: Network!, München
Produktion: Print Production, Umkirch
Druck: Freiburger Graphische Betriebe 1997

CHRISTOPHORUS
Bücher mit Ideen

Inhalt

• • • • • • • • • • • • • • • • • • • •

*Die Autorin dankt der Firma Schmuck-art für die
großzügige Bereitstellung der verwendeten Perlen.*

Weihnachtlicher Perlenschmuck

Weihnachtsschmuck aus Perlen ist etwas ganz besonderes. Er sieht sehr prächtig und festlich aus und ist doch, mit etwas Geduld, einfach herzustellen. Hier zeige ich Ihnen, wie's geht, mit Schritt-für-Schritt-Anleitungen und Zeichnungen. Angefangen wird mit einfachen Sternen, die auch kleine Kinder fädeln können. Mit etwas Übung sind dann auch die anderen Sterne leicht nachgearbeitet. Als ganz besondere Technik, aufbauend auf Sternen, werden Kugeln und Glocken gezeigt. Aber auch Körbchen und neue Sternformen – Komet, Raute und Tropfenstern – sind dabei. Varianten machen deutlich, wie die Wirkung sich bei anderen Farbzusammenstellungen verändert.

Sicher finden Sie hier Ihren Lieblingsstern! Ob als Schmuck für den Adventsstrauß oder den Weihnachtsbaum, als Fensterstern oder Päckchenanhänger, immer wird dieser wunderschöne Perlenschmuck viel Anklang finden.

Viel Freude beim Fädeln und eine stimmungsvolle Weihnachtszeit wünscht Ihnen

Theresa Kainz

Die Technik

Material

- ◆ runde Wachs-
  perlen, 2,5 mm
  bis 12 mm ⌀
- ◆ Goldperlen
- ◆ Silberperlen
- ◆ Riffelperlen
- ◆ Tropfen
- ◆ Kegel
- ◆ Oliven
- ◆ Basteldraht,
  weich verzinnt,
  0,4 mm ⌀
- ◆ Messingdraht,
  0,5 mm ⌀

Hilfsmittel

- ◆ Spitzzange
  ohne Hieb
- ◆ Ösenzange
- ◆ Seitenschneider
  oder Nagelschere
- ◆ Reibahle oder
  Makrameenadel
- ◆ Glaskopfsteck-
  nadeln

Die Herstellung der Sterne sieht oft schwieriger aus, als sie tatsächlich ist. Mit Ausnahme des Fenstersterns werden alle hier vorgestellten Sterne von der Zackenspitze zur Sternenmitte gearbeitet.

Der Draht

Erfahrungsgemäß eignet sich Basteldraht der Stärke 0,4 mm ⌀, weich verzinnt, am besten. Er ist biegsam und besonders reißfest. Es sollte aber auf keinen Fall eine Schlaufe im Draht entstehen. Deshalb immer auf den Drahtlauf achten, besonders dann, wenn nochmals durch Perlen, wie im Innenring der Sterne, gefädelt wird.

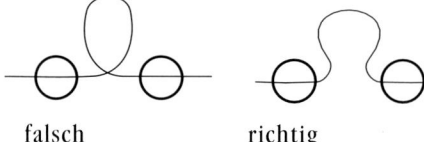

falsch   richtig

Die Zackenspitzen

Spitze I ist die einfache Art: Hier wird die erste Perle nochmals in Arbeitsrichtung durchfädelt.

Bei den Spitzen II wird durch eine oder mehrere Perlen zurückgefädelt. Den Draht festziehen, mit der Zange oberhalb der Perle(n) (siehe x) festhalten und am Drahtende nach unten ziehen.

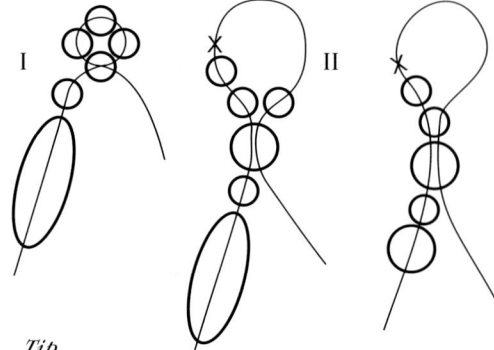

I   II

Tip

Perlen, die mehrmals durchfädelt werden oder deren Öffnungen verklebt sind, mit der Makrameenadel durchbohren oder mit der Reibahle erweitern. Wenn mehrere Perlen nacheinander nochmals durchfädelt werden, eine Glaskopfstecknadel durchschieben und die Perlen gerade rücken.

Fädeltechnik 1

Hier wird zugleich mit beiden Drähten im Wechsel gearbeitet. Mit der Zackenspitze beginnen: Die angegebene Perlenzahl zur Mitte schieben. Dann auf beide Drahtenden Perlen in vorgegebener Reihenfolge aufziehen.
Das linke Drahtende durch die Olive der rechten Seite hochschieben. Alle weiteren Zacken fertigen. Bei der letzten Zacke den Draht durch die Olive der ersten Zacke nach innen schieben. Die Drähte festziehen, verdrehen, die Mittelperle aufstecken und gegenüber verdrahten.

Fädeltechnik 2

Hier wird mit einer Drahthälfte nach rechts und mit der zweiten nach links gearbeitet. Es bildet sich ein stabiler Perleninnenring. Drei Perlen zur Drahtmitte schieben und auf beide Drähte zusammen eine Kegelperle aufziehen. Die angegebenen Perlen aufnehmen, durch eine große Perle gegenfädeln. Alle weiteren Zacken fertigen.

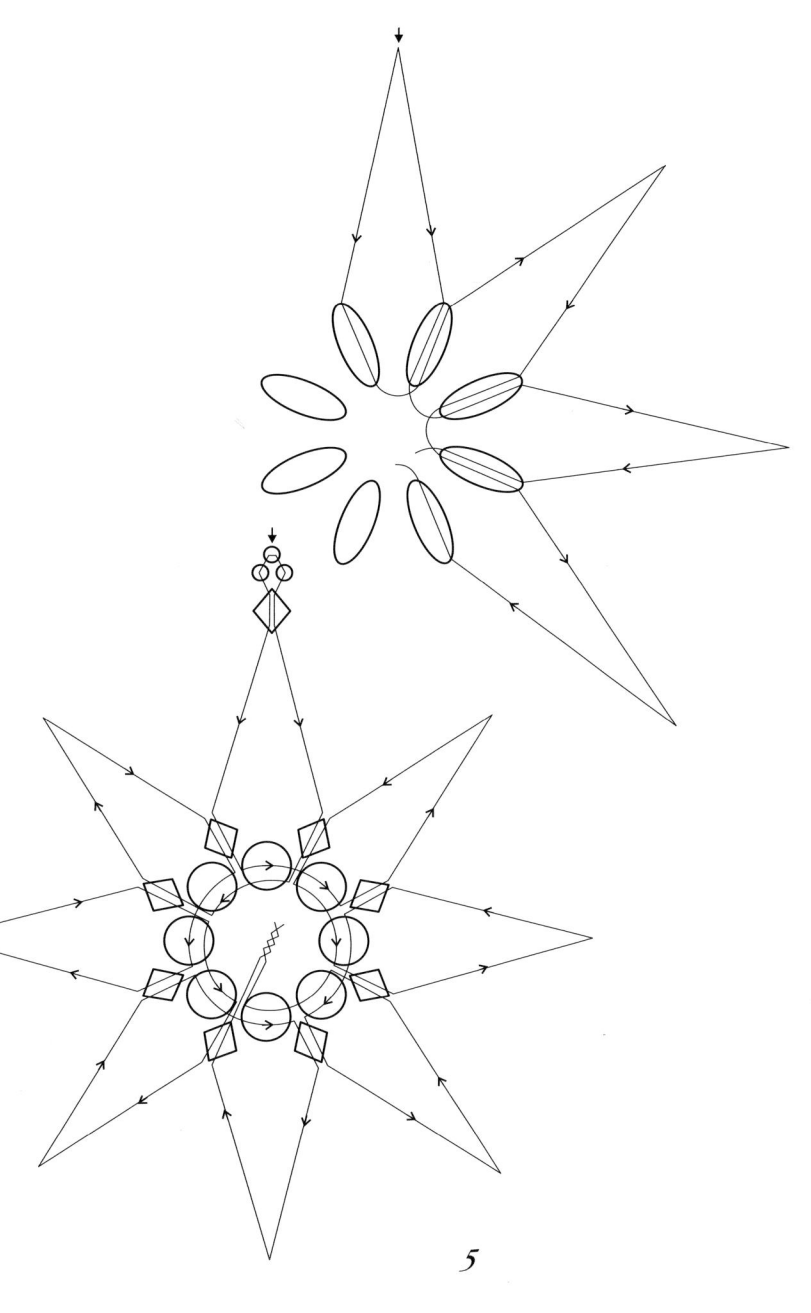

5

Tropfen- und Olivensterne

Material
Olivenstern, links
◆ Goldperlen:
  - 14x Oliven,
  6 x 18 mm
  - 1x 6 mm ∅
◆ Wachsperlen in
Weiß:
  - 7x Riffeloliven,
  8 x 20 mm
  - 42x 3 mm ∅
◆ 1 m Draht
Olivenstern, rechts
◆ Wachsperlen in
Weiß:
  - 14x Riffel-
  perlen, 8 mm ∅
  - 15x 6 mm ∅
  - 14x 4 mm ∅
  - 21x 3 mm ∅
◆ Goldperlen:
  - 7x Riffeloliven,
  8 x 20 mm
  - 14x 4 mm ∅
  - 21x 3 mm ∅
◆ 1 m Draht

Diese Sterne werden in einer einfachen Technik gefädelt, bei der auch Kinder sehr gut mitmachen können.

Olivenstern, links

❶ Für die Spitze vier 3-mm-Perlen in Weiß zur Drahtmitte schieben, nochmals durch die erste Perle fädeln. Auf das rechte und linke Drahtende je eine weiße 3-mm-Perle, eine Goldolive und eine Riffelolive aufziehen.

❷ Den linken Draht durch die rechte Riffelolive hochschieben. Eine Goldolive und fünf weiße 3-mm-Perlen aufnehmen, nochmals durch die zweite Perle fädeln. Eine 3-mm-Perle und eine Riffelolive aufziehen. Fünfmal wiederholen.

❸ Das letzte Mal durch die erste Riffelolive nach unten fädeln. Die Drähte verdrehen. Eine 6-mm-Goldperle aufstecken und gegenüber verdrahten.

Olivenstern, rechts (Vorlage A)

Eine kleine Goldperle und drei 3-mm-Wachsperlen zur Drahtmitte schieben. Den Draht nochmals durch die Goldperle ziehen. Beidseitig Perlen in folgender Reihenfolge auffädeln: eine 4-mm-Goldperle, eine weiße 6-mm-Perle, eine 3-mm-Goldperle, eine Riffelperle, eine weiße 4-mm-Perle, eine goldene Riffelolive. Wie auf Seite 5 beschrieben fortfahren.

Goldstern (Vorlage B)

Eine 4-mm-Perle, zwei 3-mm-Perlen, eine 4-mm- und zwei 3-mm-Perlen zur Drahtmitte schieben. Die 4-mm-Perle nochmals durchfädeln. Auf jede Drahtseite zwei 4-mm-Perlen und eine Tropfenperle ziehen.

Stern in Blau/Silber (Vorlage C)

Abwechselnd je zwei Perlen in Blau und Silber zur Drahtmitte schieben. Die erste blaue Perle nochmals durchfädeln. Auf jeder Drahtseite eine Perle in Silber, eine in Blau und einen Riffeltropfen in Silber aufziehen.

Goldstern

◆ **Goldperlen:**
- 7x Tropfen, 10 x 15 mm
- 1x 6 mm ⌀
- 42x 4 mm ⌀
- 28x 3 mm ⌀

◆ **75 cm Draht**

Stern in Blau/Silber

◆ **Silberperlen:**
- 10x Riffeltropfen, 7 x 18 mm
- 40x 3 mm ⌀

◆ **Wachsperlen in Blau:**
- 1x 8 mm ⌀
- 40x 4 mm ⌀

◆ **90 cm Draht**

Schneeflocken

Vorlagen
D, E, F

Material
Stern mit Bögen
◆ **Wachsperlen in**
   Weiß:
   - **7x Tropfen,**
   10 x 15 mm
   - **14x Kegel,**
   6 x 7 mm
   - **126 x**
   2,5 mm ⌀
◆ **Goldperlen:**
   - **22x 6 mm** ⌀
   - **21x 3 mm** ⌀
◆ **110 cm Draht**

Stern mit Perlbögen

❶ Für den oberen Perlring eine 3-mm-Goldperle und sechs weiße 2,5-mm-Perlen zur Drahtmitte schieben. Die Goldperle nochmals durchfädeln. Beidseitig eine 3-mm-Goldperle, eine Kegelperle und zum Umfädeln der Kegelperle fünf 2,5-mm-Perlen aufziehen. Die Kegelperle nochmals durchfädeln. Auf eine Drahtseite eine 6-mm-Goldperle stecken, mit dem zweiten Draht gegenfädeln.

❷ Auf jede Drahtseite eine 2,5-mm-Perle, eine 6-mm-Goldperle und eine Tropfenperle aufziehen. Den linken Draht durch die rechte Tropfenperle hochfädeln. Die Perlbögen in umgekehrter Reihenfolge fädeln. Den Stern nach Vorlage D fertigstellen.

Großer Stern

Für die Zackenspitze eine Goldperle und drei weiße Perlen, alle 4 mm ⌀, zur Drahtmitte schieben. Die Goldperle nochmals durchfädeln. Beidseitig zwei 3-mm-Goldperlen, eine Kegelperle, eine 4-mm-Goldperle, eine Riffelperle, eine 4-mm-Goldperle und einen Goldtropfen auffädeln. Den linken Draht durch den

rechten Tropfen hochschieben und die Spitze in umgekehrter Reihenfolge fädeln. Nach Vorlage E fortfahren. Zum Schluß die Zackenspitzen von rechts nach links drehen.

Kleiner Stern

Eine 3-mm-Goldperle und sechs weiße 2,5-mm-Perlen zur Drahtmitte schieben. Die Goldperle nochmals durchfädeln. Je Drahtseite zwei Goldperlen aufnehmen. Mit einem Drahtende eine große, weiße Perle auffädeln. Mit dem anderen Drahtende gegenfädeln. Eine 2,5-mm-, eine 6-mm-Perle und einen Goldtropfen aufziehen. Den linken Draht durch den rechten Tropfen hochschieben und die Spitze in umgekehrter Reihenfolge fädeln. Nach Vorlage F fortfahren.

Großer Stern

◆ Wachsperlen in
  Weiß:
  - 14x Riffel-
    perlen, 8 mm ⌀
  - 14x Kegel,
    6 x 7 mm
  - 1x 6 mm ⌀
  - 21x 4 mm ⌀
◆ Goldperlen:
  - 7x Tropfen,
    10 x 15 mm
  - 35x 4 mm ⌀
  - 28x 3 mm ⌀
◆ 1 m Draht

Kleiner Stern

◆ Goldperlen:
  - 7x Tropfen,
    10 x 18 mm
  - 35x 3 mm ⌀
◆ Wachsperlen in
  Weiß:
  - 22x 6 mm ⌀
  - 56x 2,5 mm ⌀
◆ 85 cm Draht

V o r l a g e n
G, H

M a t e r i a l
Kugel in Weiß/Gold

◆ **Wachsperlen in Weiß:**
  - 12x Tropfen, 10 x 15 mm
  - 24x 6 mm ⌀
  - 36x 4 mm ⌀
◆ **Goldperlen:**
  - 36x 6 mm ⌀
  - 26x 4 mm ⌀
  - 30x 3mm ⌀
◆ **190 cm Draht**

Kleine Kugeln

Die Kugeln entstehen aus zwei Sternen nach der Technik 1, die ein eingefädeltes Mittelteil verbindet. Die Sterne sind, wie abgebildet, mit sechs Zacken gefertigt und ergeben die Wölbung der Kugel.

Kugel in Weiß/Gold

❶ Zwei Sterne mit sechs weißen Tropfenperlen fertigen: Eine 6-mm-, eine 4-mm-, eine 6-mm-, eine 4-mm-Goldperle auf ein 65 cm langs Drahtstück zur Mitte schieben. Die erste Goldperle nochmals durchfädeln. Beidseitig eine weiße 6-mm-Perle und eine Tropfenperle auffädeln. Den linken Draht durch den rechten Tropfen hochschieben und die Spitze in umgekehrter Reihenfolge fädeln. Die Sterne nach Vorlage G1 fertigstellen.

❷ Für das Mittelteil auf ein 60 cm langes Drahtstück eine 3-mm-Goldperle, eine 6-mm- und eine 3-mm-Perle zur Mitte schieben und durch eine Perle der Sternenspitzen fädeln. Beidseitig eine 3-mm-Goldperle aufschieben, durch die 6-mm-Goldperle gegenfädeln. Drei weiße 4-mm-Perlen aufziehen, durch eine Goldperle gegenfädeln.

Eine 3-mm-Goldperle aufnehmen und durch die nächste 6-mm-Goldperle der Kugelhälften fädeln, siehe Vorlage G2.

Kugel in Blau

Sie wird ebenso gefertigt wie die Kugel in Weiß/Gold. Die Tropfenperlen werden hier durch die Rundperlen in Silber, 8 mm, in Dunkelblau, 6 mm, und in Silber, 3 mm, ersetzt. Zur Fertigung des Mittelteils werden Perlen in Silber, 3 mm, und in Dunkelblau, 4 mm und 6 mm, aufgefädelt (Vorlage H).

Kugel in Pink

Zwei Sterne nach der Technik 1 (siehe Seite 5) fertigen: Die Tropfenperlen werden hier durch eine große Glasperle, eine 6-mm-Perle in Pink und eine kleine 2,5-mm-Goldperle ersetzt. Zur Fertigung des Mittelteils 2,5-mm-Perlen in Gold und 3-mm- und 6-mm-Glasperlen auffädeln.

Kugel in Blau
◆ Silberperlen:
- 12x 8 mm ⌀
- 12x 6 mm ⌀
- 24x 4 mm ⌀
- 41x 3 mm ⌀
◆ Wachsperlen:
- 36x 6 mm ⌀ in Hellblau
- 24x 6 mm ⌀ in Dunkelblau
- 36x 4 mm ⌀ in Dunkelblau
◆ 190 cm Draht

Kugel in Pink
◆ Glasperlen:
- 12x 8 mm ⌀
- 12x 6 mm ⌀
- 36x 3 mm ⌀
◆ Goldperlen:
- 36x 6 mm ⌀
- 42x 2,5 mm ⌀
◆ Wachsperlen in Pink:
- 36x 6 mm ⌀
- 24x 3 mm ⌀
◆ 190 cm Draht

Sterne mit Innenring

Material
Großer Stern
◆ Goldperlen:
 - 8x Kegel,
 7 x 8 mm
 - 32x 3 mm ⌀
◆ Wachsperlen:
 - 16x Oliven,
 7 x 20 mm
 - 8x 10 mm ⌀
 - 24x 3 mm ⌀
◆ Metallöse
◆ 130 cm Draht
Stern in Violett/Gold
◆ Goldperlen:
 - 8x 8 mm ⌀
 - 24x 6 mm ⌀
 - 24x 4 mm ⌀
 - 8x 3 mm ⌀
◆ Wachsperlen in Violett:
 - 16x 8 mm ⌀
 - 8x 4 mm ⌀
 - 8x 3 mm ⌀
◆ Metallöse
◆ 90 cm Draht

Diese Sterne werden nach der Technik 2, Seite 5, gefädelt.

Großer Stern

❶ Drei kleine weiße Perlen zur Draht-mitte schieben. Auf beide Drahtenden zusammen eine Kegelperle schieben. Beidseitig eine 3-mm Goldperle, eine Olive, eine 3-mm-Goldperle und eine Kegelperle aufnehmen. Auf ein Draht-ende eine weiße 10-mm-Perle fädeln, mit dem anderen Drahtende gegen-fädeln.

❷ Eine weiße 10-mm-Perle aufnehmen. Seitengleich hochfädeln. Den Draht über die weißen Perlen durch die Kegelperle zurückschieben und seiten-gleich nach unten ziehen. Durch die Kegelperle der ersten Zacke fädeln, dann durch die weiße Perle.

❸ Mit dem kurzen Draht zweimal, mit dem langen dreimal, wiederholen. Die letzte weiße Perle gegenseitig durch-fädeln. Ein Drahtende durch die Kegel-perle hochschieben, die Zacke fertigen und durch die nächste Kegelperle nach innen fädeln. Drähte verdrehen und abzwicken.

Sterne in Violett/Gold, Rot/Gold
Eine kleine Öse als Aufhängering zur Drahtmitte schieben. Für den Stern in Violett/Gold über beide Drähte zusam-men je eine 3-mm-, 4-mm- und 6-mm-Goldperle fädeln. Beidseitig eine 4-mm- und eine 6-mm-Goldperle und jeweils eine 8-mm-, 4-mm- und 3-mm-Perle in Violett aufziehen. Durch die 8-mm-Goldperle gegenfädeln. Wird die 3-mm-Perle weggelassen, entsteht der sechs-zackige Stern in Rot/Gold (Vorlage I).

Goldstern
Vier 3-mm-Perlen zur Drahtmitte schie-ben, die erste Perle nochmals durch-fädeln. Beidseitig drei 3-mm-Perlen, eine Kegelperle, zwei 3-mm-Perlen aufziehen, durch eine 8-mm-Perle gegenfädeln (Vorlage J).

Stern in Rot/Gold

◆ **Goldperlen:**
- 7x 8 mm ∅
- 6x 6 mm ∅
- 24x 4 mm ∅
- 6x 3 mm ∅

◆ **Wachsperlen**
  in Rot:
- 12x 6 mm ∅
- 12x 3 mm ∅

◆ **Metallöse**

◆ **70 cm Draht**

Goldstern

◆ **Goldperlen:**
- 16x Kegel,
  7 x 8 mm
- 8x 8 mm ∅
- 104x 3 mm ∅

◆ **80 cm Draht**

V o r l a g e n
K, L, M

M a t e r i a l
Stern in Blau/Silber

◆ **Silberperlen:**
 - 16x Tropfen,
 8 x 18 mm
 - 1x 10 mm ⌀
◆ **Wachsperlen in**
 Weiß:
 - 8x Kegel,
 6 x 7 mm
 - 16x 4 mm ⌀
◆ **Wachsperlen**
 in Blau:
 - 8x 6 mm ⌀
 - 64x 3 mm ⌀
◆ **100 cm Draht**

Stern in Rot/Gold

◆ **Goldperlen:**
 - 8x Tropfen
 - 8x 6 mm ⌀
 - 24x 3 mm ⌀
◆ **Wachsperlen**
 in Rot:
 - 8x 6 mm ⌀
 - 8x 4 mm ⌀
 - 32x 3 mm ⌀
◆ **Wachsperlen**
 in Weiß:
 - 8x Kegel,
 6 x 7 mm
 - 1x 10 mm ⌀
◆ **85 cm Draht**

Strahlensterne

Stern in Blau/Silber

❶ Vier kleine blaue Perlen zur Drahtmitte schieben, nochmals durch die erste Perle fädeln. Beidseitig eine kleine blaue, eine weiße 4-mm-Perle, einen Silbertropfen, eine kleine blaue und eine Kegelperle aufziehen. Durch die blaue 6-mm-Perle gegenfädeln.

❷ Eine 6-mm-Perle in Blau aufnehmen, seitengleich nach oben fädeln und die Spitze fertigen. Nach unten fädeln. Den Draht durch die Kegelperle ziehen und die Goldperle durchfädeln. Zum Schluß die große Silberperle in die Mitte setzen (Vorlage K).

Sterne in Rot/Gold, Weiß/Gold

❶ Sie werden abwechselnd mit vier langen und vier kurzen Zacken gearbeitet, ansonsten gleichen sie dem blauen Stern. Die Spitzen für den Stern in Rot/Gold mit 3-mm-Perlen in Rot fertigen. Auf jede Seite eine Perle in Rot, einen Goldtropfen, eine rote 3-mm-Perle und eine Kegelperle aufreihen, durch die 6-mm-Goldperle gegenfädeln.

❷ Eine 6-mm-Goldperle, eine Kegelperle, eine rote 6-mm- und eine 4-mm-Perle, fünf 3-mm-Goldperlen aufziehen, die zweite Perle nochmals durchfädeln. Seitengleich die Perlen aufreihen. Den Draht durch die Kegelperle der ersten Zacke ziehen und die Goldperle durchfädeln (Vorlage L).

Den Stern in Weiß/Gold in anderer Farbfolge ebenso arbeiten.

Irisierender Stern

Drei 3-mm-Perlen, irisierend, zur Drahtmitte schieben. Auf beide Drahtenden zusammen eine hellblaue 6-mm-Perle und einen Silbertropfen fädeln. Beidseitig eine irisierende 8-mm-Perle und eine Olive aufnehmen, durch eine 8-mm-Perle, irisierend, gegenfädeln (Vorlage M).

Stern in Weiß/Gold
◆ Goldperlen:
  - 8x Tropfen, 8 x 18 mm
  - 1x 10 mm ⌀
  - 8x 6 mm ⌀
  - 8x 4 mm ⌀
  - 8x 3 mm ⌀
  - 16x 2,5 mm ⌀
◆ Wachsperlen in Weiß:
  - 8x Kegel, 6 x 7 mm
  - 8x 6 mm ⌀
  - 32x 4 mm ⌀

Stern, irisierend
◆ Silberperlen:
  - 8x Tropfen, 8 x 18 mm
  - 1x 12 mm ⌀
◆ Wachsperlen, irisierend:
  - 24x 8 mm ⌀
  - 24x 3 mm ⌀
◆ Wachsperlen in Blau:
  - 8x Oliven, 3 x 5 mm
  - 8x 6 mm ⌀
◆ 100 cm Draht

Fensterstern

Vorlage N

Material
◆ Goldperlen:
  - 24x Riffel-
    oliven,
    8 x 20 mm
  - 6x Oliven,
    6 x 18 mm
  - 12x Riffel-
    perlen, 8 mm ⌀
  - 120x 6 mm ⌀
  - 84x 4 mm ⌀
◆ Wachsperlen
  in Violett:
  - 158x 6 mm ⌀
  - 132x 4 mm ⌀
◆ 4,10 m Messing-
  draht, 0,5 mm ⌀
◆ 90 cm Draht

❶ Zunächst das plastische Innenteil des Sternes fertigen: Auf ein 80 cm langes Drahtstück eine Goldolive zur Mitte schieben. Rechts und links eine 6-mm-, eine 4-mm-Goldperle und drei 6-mm-Perlen in Violett auffädeln. Über beide Drähte zusammen eine Riffelperle und eine 6-mm-Perle in Violett schieben. Nach der Vorlage N1 fertigstellen. Eine 6-mm-Perle in Violett in die Mitte setzen. Den zweiten Teil gegenfädeln. Das Drahtstück zur Hälfte durch eine Goldolive ziehen, die Perlen wie beim ersten Teil aufziehen.

❷ Für die erste Zacke vier 4-mm-Perlen in Violett auf ein Drahtstück, 2,50 m lang, zur Mitte schieben. Die erste Perle nochmals durchfädeln. Beidseitig eine 4-mm- und eine 6-mm-Perle in Violett, drei 6-mm-Goldperlen, eine Riffelolive in Gold, eine 6-mm-Goldperle und vier 6-mm-Perlen in Violett aufreihen. Entgegengesetzt durch die Olive und die drei violetten Perlen hochfädeln (siehe Vorlage N2).

❸ Für die zweite und dritte Zacke Perlen in gleicher Reihenfolge ergänzen. Die Spitze fertigen. Seitengleich nach unten und durch die Olive fädeln, dabei den Draht locker lassen. Wieder hochfädeln. Seitengleich die Perlen ohne die drei letzten aufziehen. Den Draht zur zweiten Zacke zurückführen, durch die drei Perlen in Violett, die Olive, die drei violetten Perlen der dritten Zacke fädeln. Diese Perlen festhalten. Den nach oben führenden Draht festziehen, ebenso die Spitze, wieder diese drei Perlen festhalten und den Arbeitsdraht nachziehen (Vorlage N3).

❹ Den dritten Schritt wiederholen. Die sechste Zacke wie die zweite fertigen. Mit dem zweiten Teil der Sternzacken ebenso verfahren. Einen Draht hochschieben, die letzte Zacke fertigen. Den Draht nach unten durchziehen, die Drähte verdrehen und abzwicken.

❺ Zum Schluß „Goldringe" zwischenfädeln. So wird die Unregelmäßigkeit der Zacken beseitigt: Ein Drahtstück, 90 cm lang, zur Hälfte von unten nach oben durch eine violette Perle ziehen. Drei 4-mm-Perlen in Violett und fünf 4-mm-Goldperlen auffädeln. Die letzte violette Perle nochmals durchfädeln, zwei 4-mm-Perlen in Violett aufnehmen und von oben nach unten durch die violette Perle des Zackens führen. Bei allen Zacken so fortfahren.

⑥ Die Zacken zum Ausrichten an der Spitze festhalten und die Ringe mit der Zangenspitze zur Sternenmitte ziehen.

Festliche Kugeln

Vorlage O

Material
Kugel in Apricot
◆ Goldperlen:
 - 16x 6mm ∅
 - 14x 4 mm ∅
 - 34x 3mm ∅
◆ Wachsperlen
 in Weiß:
 - 14x Tropfen,
 10 x 15 mm
 - 14x Kegel,
 8 mm ∅
 - 28x 6 mm ∅
◆ Wachsperlen
 in Apricot:
 - 14x 8 mm ∅
 - 70x 6 mm ∅
◆ 2,50 m Draht

Diese großen Kugeln entstehen aus zwei Sternen nach der Technik 2, Seite 5, die ein eingefädeltes Mittelteil (siehe Vorlage O2) verbindet. Die Sterne sind, wie abgebildet, mit sieben Zacken gefertigt und ergeben die Wölbung der Kugel.

Kugel in Apricot
❶ Zwei Sterne fertigen: Auf ein 85 cm langes Drahtstück 6-mm-Perlen, eine in Gold, eine in Weiß, eine in Apricot, eine in Weiß zur Mitte schieben. Die Goldperle nochmals durchfädeln. Beidseitig eine 3-mm-Goldperle, eine 6-mm-Perle in Apricot und einen Tropfen aufnehmen, über ein Drahtende die 4 mm-Goldperle schieben, mit dem anderen Drahtende gegenfädeln (Vorlage O1).

❷ Eine 4-mm-Goldperle, einen Tropfen, eine 6-mm-Perle in Apricot, eine 3-mm-Goldperle und 6-mm-Perlen in Gold, Weiß, Apricot und Weiß aufnehmen. Die 6-mm-Goldperle durchfädeln. Eine 3-mm-Goldperle und eine 6-mm-Perle in Apricot auffädeln. Den Draht zum zweiten Tropfen zurückführen und den Tropfen durchfädeln. Die Sterne nach der Technik 2 auf Seite 5 fertigstellen.

❸ Die Sterne zusammenfügen (Vorlage O2): Eine 6-m-, eine 8-mm-, eine 6-mm-Perle in Apricot auf ein 80 cm langes Drahtstück zur Mitte schieben. Durch eine apricotfarbene Perle an einer Zacke bei jedem Stern fädeln. Beidseitig eine 6-mm-Perle in Apricot aufnehmen, durch eine 8-mm-Perle gegenfädeln. Eine Kegelperle aufnehmen und wieder durch eine 8-mm-Perle gegenfädeln. Eine 6-mm-Perle in Apricot auffädeln und die nächste Perle der Sterne durchfädeln. Sechsmal wiederholen. Die Drähte verdrehen und abzwicken.

Kugeln in Weiß/Gold und Violett
Die Sterne für diese Kugeln in veränderter farblicher Reihenfolge fertigen. Im Mittelbereich der Kugel in Weiß/Gold Kegelperlen aufziehen. Für die Mitte der violetten Kugel folgende Perlen aufreihen: eine 3-mm-Perle in Violett, eine 4-mm-Goldperle, fünf 3-mm-Perlen in Violett. Nochmals durch die Goldperle fädeln und eine 3-mm-Perle in Violett aufnehmen (Vorlagen O3, O4).

Kugel in Weiß/Gold

◆ **Wachsperlen in Weiß:**
  - 14x Tropfen, 10 x 15 mm
  - 70x 6 mm ⌀

◆ **Goldperlen:**
  - 28x Kegel, 8 mm ⌀
  - 44x 6 mm ⌀
  - 14x 4 mm ⌀
  - 34x 3 mm ⌀

◆ **2,50 m Draht**

Kugel in Violett

◆ **Goldperlen:**
  - 14x Tropfen, 10 x 15 mm
  - 2x 6 mm ⌀
  - 28x 4 mm ⌀

◆ **Glasperlen:**
  - 14x 8 mm ⌀
  - 56x 6 mm ⌀
  - 34x 3 mm ⌀

◆ **Wachsperlen:**
  - 56x 6 mm ⌀ in Hellviolett
  - 98x 3 mm ⌀ in Dunkelviolett

◆ **2,50 m Draht**

M a t e r i a l

Glocke in Rot

◆ **Wachsperlen**
  in Rot:
  - 63x 6 mm ⌀
  - 14x 4 mm ⌀
◆ **Goldperlen:**
  - 7x Tropfen,
    10 x 15 mm
  - 1x 10 mm ⌀
  - 8x 8 mm ⌀
  - 42x 6 mm ⌀
  - 63x 4 mm ⌀
  - 14x 3 mm ⌀
  - 8x 2,5 mm ⌀
◆ **2,10 m Draht**

Glocke in Violett

◆ **Wachsperlen**
  in Violett:
  - 7x 8 mm ⌀
  - 56x 6 mm ⌀
  - 35x 4 mm ⌀
  - 14x 3 mm ⌀
◆ **Goldperlen:**
  - 7x Tropfen,
    10 x 15 mm
  - 1x 10 mm ⌀
  - 1x 8 mm ⌀

Glöckchen

Glocke in Rot

❶ Zunächst einen Stern nach der Technik 2, Seite 5, und Vorlage P1 fädeln. Die goldenen Sternspitzen hochbiegen. Ein Stück Draht, 120 cm lang, durch eine Goldperle der Sternenspitze fädeln und zur Mitte ziehen. Folgende Perlen in Rot aufnehmen: 6 mm, 4 mm, 6 mm, 4 mm, 6 mm. Nochmals durch die erste kleine Perle fädeln und eine große rote Perle aufstecken.

❷ Durch die nächste Goldperle fädeln. Mit dem kurzen Drahtstück zweimal, mit dem langen dreimal wiederholen. Für die letzte rote Zacke eine 6-mm-Perle auffädeln, durch eine 4-mm-Perle gegenfädeln und wiederholen (Vorlage P2).

❸ Auf jede Drahtseite eine 6-mm-, eine 8-mm- und zwei 4-mm-Goldperlen fädeln. Über beide Drähte zusammen eine rote Perle schieben, dann auf jeden Draht eine rote 6-mm-Perle, eine 4-mm- und zwei 6-mm- Goldperlen aufnehmen.

❹ Den rechten Draht durch die zwei Goldperlen links nach unten ziehen. Folgende Perlen auffädeln: eine 4-mm-Goldperle, zwei 6-mm-Perlen in Rot und zwei 4-mm-Goldperlen. Durch die große Goldperle fädeln. Eine 6-mm-Goldperle aufnehmen und durch die rote Perle fädeln. Eine 6-mm-Goldperle, eine 8-mm-, zwei 4-mm- auffädeln. Durch die erste rote fädeln. Eine rote 6-mm-Perle, Goldperlen, eine 4 mm und zwei 6 mm, aufnehmen. Fünfmal wiederholen (Vorlage P3).

❺ Die Drähte festziehen und verdrehen. Eine 8-mm-Goldperle zum Abschluß aufschieben, mit sechs 3-mm-Goldperlen für den Aufhängering umfädeln und verdrahten.

Glocken in Violett und Rosa
Diese in veränderter farblicher Reihenfolge ebenso fertigen.

- 49x 6 mm ⌀
- 42x 4 mm ⌀
- 8x 2,5 mm ⌀
◆ 2,10 m Draht

Glocke in Rosa
◆ **Wachsperlen in Rosa:**
- 49x 6 mm ⌀
- 21x 4 mm ⌀
◆ **Wachsperlen in Weiß:**
- 7x Riffelperlen, 8 mm ⌀
- 7x Tropfen, 10 x 15 mm
- 21x 6 mm ⌀
- 14x 4 mm ⌀
◆ **Goldperlen:**
- 1x 10 mm ⌀
- 1x 8 mm ⌀
- 35x 6 mm ⌀
- 42x 4 mm ⌀
- 14x 3 mm ⌀
- 8x 2,5 mm ⌀
◆ **2,10 m Draht**

Vorlage Q

Material

Komet in Gold

◆ Goldperlen:
- 42x 6 mm ∅
- 28x 4 mm ∅
- 27x 3 mm ∅
- 5x 2,5 mm ∅
◆ 75 cm Draht

*Komet in Gold/
irisierend*

◆ Goldperlen:
- 29x 6 mm ∅
- 18x 4 mm ∅
- 23x 3 mm ∅
- 5x 2,5 mm ∅
◆ Wachsperlen,
irisierend:
- 13x 6 mm ∅
- 10x 4 mm ∅
- 4x 3 mm ∅
◆ 75 cm Draht

Kleiner Komet

◆ Silberperlen:
- 8x 4 mm ∅
- 42x 3 mm ∅
- 17x 2,5 mm ∅
◆ (Wachsperlen,
Regenbogen:
- 33x 4 mm ∅
◆ 60 cm Draht

Schweifsterne

*Diese Sterne werden aus einem Draht-
stück gefädelt. Sie entstehen aus
einem kleinen, sechszackigen Stern
in der Technik 2, Seite 5, mit ange-
fädeltem Schweif.*

Schweifstern in Gold

❶ Eine 2,5-mm Perle zur Drahtmitte
schieben, über beide Drahtenden zusammen eine 3-mm-Perle fädeln. Beidseitig jeweils eine 3-mm-, eine 4-mm-,
eine 6-mm-, eine 4-mm-Perle aufziehen.
Eine 6-mm-Perle gegenseitig durchfädeln. Auf beiden Seiten noch zwei
Zacken nach der Vorlage Q1 fädeln.

❷ Die letze 6-mm-Perle gegenseitig
durchfädeln. Beide Drahtenc'en jeweils
durch die 4-mm-Perle hochschieben.
Auf jede Drahtseite eine 6-mm-, eine
4-mm-, eine 3-mm-Perle aufnehmen.

❸ Für den Schweif über beide Drahtenden zusammen je zwei 3-mm- und
4-mm-Perlen und sechs 6-mm-Perlen
schieben, wie die Vorlage Q2 zeigt.

❹ Auf einen Draht zwei 4-mm- und vier
3-mm-Perlen aufnehmen. Die erste
Perle nochmals durchfädeln und den
Draht festziehen.

❺ Eine 4-mm-Perle, zehn 6-mm-Perlen
und eine 4-mm-Perle aufreihen. Den
Draht durch die 6-mm- und die 4-mm-
Perle zur Sternmitte ziehen. Dabei mit
einer Glaskopfstecknadel die Perlen
hochdrücken. Mit dem zweiten Draht
mit nur sieben 6-mm-Perlen wiederholen.

❻ Das eine Drahtende durch die 6-mm-
Perle schieben. Die Drähte verdrehen,
die Mittelperle aufstecken und gegenüber verdrahten.

Den Schweifstern in Gold/irisierend
und den kleinen Kometen in anderer
Farbzusammenstellung, wie auf der
Abbildung zu sehen, fertigen.

M a t e r i a l
Sterne in Apricot,
Rot
(roter Stern =
Angaben in
Klammern)
◆ **Goldperlen:**
  - **1x (1x)**
  10 mm ∅
  - **8x (8x)**
  6 mm ∅
  - **56x (56x)**
  4 mm ∅
  (- 24x 3 mm ∅**)**
◆ **Wachsperlen**
  in Weiß:
  - **8x (8x) Kegel,**
  6 x 7 mm
  - **72x (56x)**
  3 mm ∅
◆ **Wachsperlen**
  in Apricot:
  - **32x 6 mm** ∅
◆ **(Wachsperlen**
  in Rot:
  - **32x 6 mm** ∅**)**
◆ **115 cm Draht**

Prachtvolle Sterne

Stern in Apricot

❶ Drei weiße 3-mm-Perlen zur Drahtmitte schieben, über beide Drähte zusammen eine 4-mm-Goldperle fädeln.
Beidseitig drei weiße 3-mm-Perlen, jeweils eine Perle in Gold, Apricot, Gold,
Apricot, Gold und eine Kegelperle
aufziehen. Durch die zwei 6-mm-Gold-
perlen gegenfädeln. Eine 6-mm-Gold-
perle aufnehmen, seitengleich hochfädeln, die Spitze fertigen und nach
unten fädeln. Die zweite und die dritte
Goldperle durchfädeln. Die dritte und
vierte Zacke fertigen, die fünfte und
sechste mit der zweiten Drahthälfte
(Vorlage R1).

❷ Durch die achte Goldperle gegenfädeln und den Draht durch die Kegelperlen hochschieben. Mit dem Draht
rechts die siebte Zacke fädeln, durch
die linke Kegelperle nach unten ziehen,
sowie durch zwei Goldperlen. Die achte
Zacke fädeln, von rückwärts durch die
linke Kegel- und Goldperle schieben,
Drähte verdrehen, die Mittelperle ein-
setzen. Die Spitzen nach links drehen
(Vorlage R2).

Stern in Lila

Den Perlring fädeln. Dann auf beiden
Seiten drei Silberperlen und je eine
4-mm-Perle in Violett, eine Riffelperle,
eine Perle in Violett, eine 6-mm-Perle in
Lila und eine Kegelperle aufnehmen.
Durch eine 6-mm-Silberperle gegen-
fädeln. Bei der kurzen Zacke entfallen
die Riffelperle und eine Perle in Violett.
Die Sternzacken nach links drehen
(Vorlage S).

Stern in Rot

Die Spitzen fertigen. Beidseitig drei
weiße 3-mm-Perlen, eine 4-mm-Gold-
perle, eine 6-mm-Perle in Rot, Gold,
Rot, Gold und eine Kegelperle aufziehen. Durch eine Goldperle gegenfädeln.
Noch sieben Zacken fertigen und sie
in Höhe der roten und weißen Perlen
von rechts nach links verdrehen
(Vorlage T).

Stern in Lila
- ◆ **Silberperlen:**
  - - 8x 6 mm ∅
  - - 56x 3 mm ∅
- ◆ **Wachsperlen
  in Weiß:**
  - - 8x Kegel,
    6x 7 mm
  - - 8x Riffelperlen
    8 mm ∅
  - - 40x 3 mm ∅
- ◆ **Wachsperlen
  in Violett:**
  - - 24x 4 mm ∅
- ◆ **Wachsperlen
  in Lila:**
  - - 1x 10 mm ∅
  - - 16x 6 mm ∅
- ◆ **115 cm Draht**

Sterne – einmal anders

Material

Für alle Sterne

◆ **5 Ösen, oval**

◆ **Kettelstift,**
   42 mm

◆ **3 Fertigtropfen**

◆ **85 cm Draht**

Stern in Violett

◆ **Goldperlen:**
   - **2x 10 mm** ∅
   - **8x 6 mm** ∅
   - **14x 4mm** ∅
   - **48x 3 mm** ∅
   - **4x 2,5 mm** ∅

◆ **Wachsperlen**
   in Violett:
   - **4x 8 mm** ∅
   - **18x 6 mm** ∅
   - **16x 4 mm** ∅

Stern in Weiß/Gold

◆ **Goldperlen:**
   - **10x 6 mm** ∅
   - **40x 4 mm** ∅
   - **38x 3 mm** ∅

◆ **Wachsperlen**
   in Weiß:
   - **4x böhmische**
   Tropfen
   - **8x Kegel,**
   - **2x 10 mm** ∅
   - **12x 6 mm** ∅
   - **2x 4 mm** ∅

Zunächst werden für alle Sterne Perlen der Größen 3 mm, 4 mm, 6 mm, 10 mm, 6 mm, 4 mm und 3 mm auf den Kettelstift geschoben. Mit der Zange an beiden Enden eine Öse biegen. Die ovalen Ösen an den Enden und auch an den Tropfen einhängen.

Stern in Violett

❶ Zur Drahtmitte die Perlenreihe mit der Öse auffädeln. Über beide Drähte zusammen eine 3-mm- und eine 4-mm Goldperle aufschieben. Beidseitig eine 2,5-mm- und zwei 3-mm-Goldperlen, eine 4-mm-, eine 6-mm- und eine 8-mm-Perle in Violett, eine 4-mm- und eine 3-mm-Goldperle aufnehmen. Durch eine 6-mm-Goldperle gegenfädeln.

❷ Mit jedem Draht drei kurze Zacken fädeln. Eine 6-mm- und zwei 3-mm-Goldperlen, eine 6-mm- und eine 4-mm-Perle in Violett aufnehmen. Eine 3-mm-, eine 4-mm- und eine 3-mm-Perle in Gold aufziehen, durch die 4-mm-Perle zurückfädeln. (Bei der dritten Zacke den Tropfen aufnehmen, durch die 3-mm- und die 4-mm-Perle zurückfädeln.) Seitengleich nach unten durch die 3-mm-Perle ziehen und die 6-mm-

Perle durchfädeln. Einen Draht durch die 3-mm-Goldperle hochschieben, die große Zacke mit Tropfen fädeln, sowie durch die 3-mm-Perle zur Mitte. Die Drähte verdrehen und die große Perle in die Mitte setzen (Vorlage U).

Stern in Weiß/Gold

Bei allen Zackenspitzen eine 4-mm-Perle dazufädeln. Die 6-mm-Rundperlen und die 8-mm-Perlen der langen Zacke durch Böhmische Tropfenperlen ersetzen (Vorlage V).

Stern in Rot/Gold

Die Perlenanzahl ist die gleiche wie beim violetten Stern, hier in Gold und Rot. Zusätzlich werden acht Kegelperlen benötigt. Anstelle der 3-mm-Perlen in der Mitte Kegelperlen einfädeln. An der Spitze nur eine 3-mm-Perle nehmen. Nach der roten 8-mm- eine 3-mm-Perle einfädeln (Vorlage W).

Festliche Rauten

Zunächst werden Aufhängeteil und Anhänger gefertigt. Je eine 3-mm-, 4-mm-, 6-mm, 8-mm-, 6-mm-, 4-mm- und 3-mm-Perle auf den Kettelstift schieben. Mit der Zange eine Öse biegen, die ovale Öse einhängen.

Raute in Blau
❶ Den Aufhänger zur Drahtmitte schieben. Über beide Drähte zusammen eine 3-mm-Silberperle schieben und beidseitig drei 2,5-mm-Perlen aufnehmen. Durch eine 4-mm-Perle gegenfädeln. Eine 2,5-mm-Perle auf jeder Seite aufziehen, durch eine 3-mm-Perle in Blau gegenfädeln. Beidseitig je eine blaue 3-mm-, 4-mm-, 6-mm und 8-mm-Perle, eine 3-mm-Silberperle und die Kegelperle aufreihen. Durch die silberne Kegelperle gegenfädeln.

❷ Vier 2,5-mm- und vier 4-mm-Perlen in Blau aufnehmen, die erste blaue nochmals durchfädeln. Vier 2,5-mm-Perlen aufziehen, durch die Kegelperle fädeln, nochmals wiederholen (Vorlage X1).

❸ Nach der Vorlage X2 die Seiten arbeiten. Anschließend vier 2,5-mm-Perlen aufziehen. Die blaue 4-mm-Perle durchfädeln, vier 2,5-mm-Perlen aufnehmen, die silberne Kegelperle durchfädeln und wiederholen. Durch beide Kegelperlen hochfädeln. Die Spitze fertigen, wie die Vorlage zeigt.

❹ Für die Umfädelung folgende Perlen aufziehen: zwei 2,5-mm-, vierzehn 3-mm- in Dunkelblau, eine 2,5-mm-Perle. Durch die 4-mm-Perle der Seite fädeln, drei 2,5-mm-Perlen aufnehmen und nochmals durchfädeln. Eine 2,5-mm-Perle, die blauen 3-mm-, zwei 2,5-mm-Perlen aufziehen, durch die 4-mm-Silberperlen der Spitze fädeln und verdrahten.

Raute in Rot
Hier nach der Fertigstellung der Seiten nur durch eine Kegelperle hochfädeln. Die Spitze nach der Vorlage Y fädeln. An den Seitenspitzen statt der 2,3 mm- eine 3-mm-Perle einfädeln.

Raute in Rot

◆ **Goldperlen:**

- 2x Kegel,
  7 x 8 mm

- 4x 8 mm ∅

- 11x 6 mm ∅

- 12x 4 mm ∅

- 8x 3 mm ∅

- 16x 2,5 mm ∅

◆ **Wachsperlen
  in Weiß:**

- 8x Kegel,
  6 x 7 mm

- 2x 4 mm ∅

- 4x 3 mm ∅

- 32x 2,5 mm ∅

◆ **Wachsperlen
  in Rot:**

- 6x 8 mm ∅

- 10x 6 mm ∅

- 4x 4 mm ∅

- 2x 3 mm ∅

◆ **90 cm Draht**

Ovale Körbchen

Material
◆ **160 cm Draht**
Körbchen in Rot
◆ **Wachsperlen
    in Rot:**
    - **32x 6 mm** ⌀
◆ **Goldperlen:**
    - **8x 6 mm** ⌀
    - **64x 4 mm** ⌀
    - **169x 3 mm** ⌀
Körbchen in Violett
◆ **Wachsperlen in
    Dunkelviolett:**
    - **24x 6 mm** ⌀
    - **14x 4 mm** ⌀
    - **98x 2,5 mm** ⌀
◆ **Wachsperlen in
    Hellviolett:**
    - **16x 6 mm** ⌀
    - **12x 2,5 mm** ⌀
◆ **Goldperlen:**
    - **64 x 4 mm** ⌀
    - **26x 3 mm** ⌀
*Körbchen in
Weiß/Gold*
◆ **Wachsperlen
    in Weiß:**
    - **64x 4 mm** ⌀
    - **145x 3 mm** ⌀
◆ **Goldperlen:**
    - **40x 6 mm** ⌀
    - **24x 3 mm** ⌀

Körbchen in Rot/Gold

❶ Für den Boden mit dem kurzen Teil beginnen: Goldperlen, eine 4-mm-, zwei 3-mm-, eine 6-mm-, zwei 3-mm-, zur Mitte schieben, durch die 4-mm-Perle zurückfädeln. Für jede Seite drei Teile sowie die kurze Seite nach der Vorlage Z1 fertigen.

❷ Erste Runde: Auf eine Drahthälfte je eine 3-mm- und 4-mm-Goldperle, eine rote 6-mm-Perle, eine 4-mm- und 3-mm-Goldperle aufziehen, nochmals durch die Bodenperle fädeln. Auf beide Drahtenden drei 3-mm-Perlen schieben, die nächste 6-mm-Perle durchfädeln. Beidseitig dreimal wiederholen. Durch die letzte rote Perle gegenfädeln.

❸ Zweite Runde: In gleicher Weise wie die erste fertigen. Anstelle der drei 3-mm-Perlen je eine 3-mm-Goldperle, eine rote 6-mm-Perle und eine 3-mm-Goldperle aufnehmen. Am Ende der Runde nach der Vorlage Z2 den Bogen fertigen. Die restlichen Randperlen, eine 4-mm-, eine 6-mm-, eine 4-mm-, einfädeln und den Henkel nach der Vorlage Z3 fertigen. Seitengleich am Bogen anfädeln und verdrahten.

Körbchen in Weiß und Violett
Hier werden die 4-mm-Randperlen und die 4-mm-Perlen der zweiten Runde durch 3-mm-Perlen ersetzt; so ergibt sich die engere Form. Ansonsten diese Körbchen wie das in Rot fertigen.

Neben dieser Auswahl aus der Brunnen-Reihe haben wir noch viele andere Bücher im Programm. Wir informieren Sie gerne - fordern Sie einfach unsere neuen Prospekte an:

- **Bücher für Ihre Kinder:** Basteln, Spielen und Lernen mit Kindern
- **Bücher für Ihre Hobbys:** Stoff und Seidenmalerei, Malen und Zeichnen, Keramik, Floristik
- **Bücher zum textilen Handarbeiten:** Sticken, Häkeln und Patchwork

Wir sind für Sie da, wenn Sie Fragen zu AutorInnen, Anleitungen oder Materialien haben. Und wir interessieren uns für Ihre eigenen Ideen und Anregungen. Faxen, schreiben Sie oder rufen Sie uns an. Wir hören gerne von Ihnen! Ihr Christophorus-Verlag

CHRISTOPHORUS
Bücher mit Ideen

Hermann-Herder-Str. 4 / 79104 Freiburg i. Breisgau

Tel: 0761/2717-268 oder Fax: 0761/2717-352